2013 개편 국어교과서

KB114937

개정된 국어 교과서에 따른
글씨체 따라쓰기

2-2

편집부편

와이 앤 엠

차 례

개정된 국어 교과서에 따른

글씨체 따라쓰기

2-2

글을 읽고 다음에 예쁘게 따라 써 보세요.

국어4 가-94쪽

떡볶이

맵고 맵고 또 매워
이마에서 땀이 뚝뚝
그래도 호호거리며 먹고 싶어.

벌써 입 속에 침이 고이는걸
'매워' 소리까지 함께 삼키면서
우리 반 친구들과 오순도순 함께 먹고 싶어.

				떡	볶	이			
			맵	고		맵	고		또
	매	워							
	이	마	에	서		땀	이		
	뚝	뚝							

원고지 쓰기를 생각하며 바르게 따라 써 보세요.

그래도　호호거리

며　먹고　싶어.

벌써　입　속에

침이　고이는걸

			'매	워	'	소	리	까	지
		함	께		삼	키	면	서	
		우	리		반		친	구	들
	과		오	순	도	순		함	께
	먹	고		싶	어	.			

글을 읽고 다음에 예쁘게 따라 써 보세요.

국어4 가-113쪽

설빔

설빔은 설날에 새로 차려입는 옷입니다. 설날에 깨끗하고 예쁜 설빔을 입고 세배를 다니는 일은 어른이나 아이에게 모두 큰 기쁨입니다.

설빔은 특별히 고운 옷감으로 정성들여 만듭니다. 설빔 가운데 가장 곱고 화려한 것은 어린이의 설빔입니다. 어머니께서 정성껏 지어 주신 설빔을 한번 입어 볼까요?

여자아이는 아랫도리로는 다홍색 비단 치마를 입고, 윗도리는 색동저고리를 입습니다. 저고리 위에는 따뜻한 털배자를 입습니다.

다홍색 비단 치마 두르고,

알록달록 꽃수 놓은
색동저고리를 입어요.

"히히, 곱기도 하다! 선녀님 같네."

따뜻한 털배자도 입어요.

남자아이는 아랫도리로는 바지를 입고, 윗도리로는 저고리를 입습니다. 남자아이도 저고리 위에 배자를 입습니다. 외출할 때 입는 멋진 옷들도 있지요.

"누구야, 누구? 이렇게 혼자
서도 바지 잘 입는 사람이!"

이번엔 저고리!

배자를 입고, 다른 옷들도 입어요.
"어! 또 거꾸로네."

"에헴, 물렀거라.
도련님이 나가신다."

 포동포동한
두 뺨 가릴
조바위를 쓰고

 호랑이 모자,
호건을 쓰고

"세배 다녀오겠습니다."

설빔에는 새해에 좋은 일만 생기기를 바라는 마음과 새해에는 더 나은 사람이 되겠다는 마음이 담겨 있습니다. 꼭 곱고 화려해야만 설빔은 아닙니다. 소박하고 수수하더라도 설빔에 담긴 마음이 중요한 것입니다.

			설	빔					
	설	빔	은		설	날	에		새
로		차	려	입	는		옷	입	니
다	.		설	날	에		깨	끗	하	고
예	쁜		설	빔	을		입	고	

원고지 쓰기를 생각하며 바르게 따라 써 보세요.

세배를 다니는 일은

어른이나 아이에게

모두 큰 기쁨입니다.

설범은 특별히 고

운		옷	감	으	로			정	성	
들	여		만	듭	니	다	.		설	빔
가	운	데		가	장			곱	고	
화	려	한		것	은			어	린	이
의		설	빔	입	니	다	.		어	머

니	께	서		정	성	껏	지	어
주	신		설	빔	을		한	번
입	어		볼	까	요	?	
여	자	아	이	는		아	랫	도
리	로	는		다	홍	색	비	단

리로는　다홍색　비단

치마를　입고,　윗도리

로는　색동저고리를

입습니다.　저고리　위

에는　따뜻한　털배자

16

원고지 쓰기를 생각하며 바르게 따라 써 보세요.

를		입	습	니	다	.			
	남	자	아	이	는		아	랫	도
리	로	는		바	지	를		입	고
웃	도	리	로	는		저	고	리	를
입	습	니	다	.		남	자	아	이

원고지 쓰기를 생각하며 바르게 따라 써 보세요.

저고리 위에 배자를

입습니다. 외출할 때

입는 멋진 옷들도

있지요.

　설빔에는 새해에

좋은　일만　생기기를

바라는　마음과　새해

에는　더　나은　사람

이　되겠다는　마음이

원고지 쓰기를 생각하며 바르게 따라 써 보세요.

담	겨		있	습	니	다	.		꼭
곱	고		화	려	해	야	만		설
빔	은		아	닙	니	다	.		소	박
하	고		수	수	하	더	라	도	
설	빔	에		담	긴		마	음	이

< 형 글자를 바르게 따라 써 보세요.

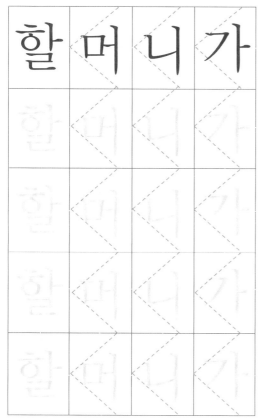

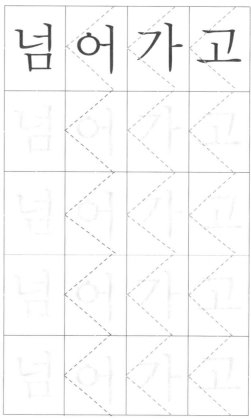

강	아	지	가
강	아	지	가
강	아	지	가
강	아	지	가
강	아	지	가

여	기	저	기
여	기	저	기
여	기	저	기
여	기	저	기
여	기	저	기

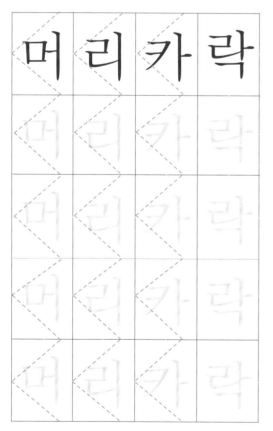

머리카락

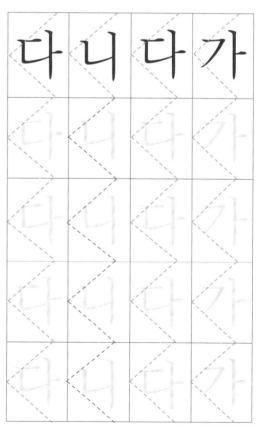

다니다가

글을 읽고 다음에 예쁘게 따라 써 보세요.

국어4 가-142쪽

받아쓰기 시험

몇 자 되지도 않는 하얀 글씨가 눈앞을 캄캄하게 만들었다. 당장 책을 펼쳤지만 이미 얼어 버린 머릿속에 글자가 제대로 들어올 리 없었다.

처음 칠판을 보았을 때는 눈앞이 캄캄하고 머릿속은 새하얘졌다. 그런데 다시 생각하여 보니 그럴 필요가 없었다. 은수는 받아쓰기를 잘할 자신은 없었지만 그렇다고 벌벌 떨 필요도 없다고 생각하였다. 그렇게 마음을 먹으니 하얀색과 검은색밖에 없던 눈에 원래대로 색깔이 돌아왔다.

"넌 백 점 맞을 게 뻔한데 무엇하러 그렇게 열심히 하니?"

은수는 괜히 뒷자리에 앉은 승규를 집적거렸다.

"내가 넌 줄 아니? 넌 나랑 다르잖아."

승규가 말하였다.

"놀기 싫으면 그냥 싫다고 하지, 왜 이상한 사람 취급을 해? 그래 알았다. 너같이 선생님께 사랑받고 공부 잘하는 애는 다 맞아라."

"시끄러워. 너 때문에 공부가 안되잖아. 선생님께 이를 거야."

"그래, 일러라 일러. 에이, 삐아삐아!"

은수는 승규에게 입을 삐죽이며 삐아삐아를 보냈다. 삐아삐아는 은수가 상상 놀이를 할 때 쓰는 말인데 그때마다 뜻은 다르다. 보통 기분이 나쁘거나 마음에 들지 않는 일에 삐아삐아를 날려 보낸다. 신기하게도 삐아삐아를 날리면 기쁘고 통쾌한 마음은 커지고, 화나고 속상한 마음은 산산조각나 버린다. 그래서 은수의 사전에는 남들이 모르는 이상한 낱말이 많이 들어 있다.

은수에게는 지루하기만 한 시간이 지나고 받아쓰기 시험이 시작되었다. 선생님께서 불러 주시는 말들이 비틀비틀 춤을 추며 다가왔다. 은수 앞에 펼쳐진 하얀 종이에는 검은 글씨가 삐뚤삐뚤 질서 없이 내려앉았다.

"다 됐지요? 연필을 내려놓고 짝끼리 바꾸세요."

1번부터 10번까지 모두 열 문제가 끝났다. 아이들은 모두 빨간 연필을 꺼내 들었다.

원고지 쓰기를 생각하며 바르게 따라 써 보세요.

		받	아	쓰	기		시	험	
		몇		자		되	지	도		않
는		하	얀		글	씨	가		눈
앞	을		깜	깜	하	게		막	고
었	다	.		당	장		책	을		펼

원고지 쓰기를 생각하며 바르게 따라 써 보세요.

었다.		당장		책을			펼		
쳤지만		이미		얼어버					
린		머릿속에		글자가					
제대로		들어올		리					
없었다.									

원고지 쓰기를 생각하며 바르게 따라 써 보세요.

	처	음		칠	판	을		보	았
을		때	는		눈	앞	이		캄
캄	하	고		머	릿	속	은		새
하	얘	졌	다	.		그	런	데		다
시		생	각	하	여		보	니	

원고지 쓰기를 생각하며 바르게 따라 써 보세요.

그럴　필요가　없었다.

은수는　받아쓰기를

잘할　자신은　없었지

만　그렇다고　벌벌

떨　필요도　없다고

생각하였다. 그렇게

마음을 먹으니 하얀

색과 검은색밖에 없

던 은수의 눈에 원

원고지 쓰기를 생각하며 바르게 따라 써 보세요.

래	대	로		색	깔	이		돌	아
래	대	로		색	깔	이		돌	아
왔	다	.							
왔	다	.							
	"	넌		백		점		맞	을
	"	넌		백		점		맞	을
	게		뻔	한	데		무	엇	하
	게		뻔	한	데		무	엇	하
	러		그	렇	게		열	심	히
	러		그	렇	게		열	심	히

하니?"

온수는 괜히 뒷자

리에 앉은 승규를

집적거렸다.

"내가 넌 줄 아

원고지 쓰기를 생각하며 바르게 따라 써 보세요.

니? 넌 나랑 다

르잖아.?

승규가 말하였다.

"놀기 싫으면 그

34

원고지 쓰기를 생각하며 바르게 따라 써 보세요.

낭 싫다고 하지,

왜 이상한 사람

취급을 해? 그래

알았다. 너같이 선

생님께 사랑받고

원고지 쓰기를 생각하며 바르게 따라 써 보세요.

공부 잘하는 애는

다 맞아라."

"시끄러워. 너 때

문에 공부가 안 되

잖아. 선생님께 이

를 　거야."

"그래, 일러라 　일

러. 에이, 　삐야삐야!"

은수는 　승규에게

원고지 쓰기를 생각하며 바르게 따라 써 보세요.

입을　삐죽이며　삐아

삐아를　보냈다.　삐아

삐아는　은수가　항상

놀이를　할　때　쓰는

말인데　그때마다　뜻

원고지 쓰기를 생각하며 바르게 따라 써 보세요.

	은		다	끈	다	.		보	통		기
	분	이		나	쁘	거	나		마	음
	에		들	지		않	는		일	에
	삐	악	삐	악	들		날	려		보
	낸	다	.		신	기	하	게	도		삐

낸	다	.		신	기	하	게	도		삐
아	빠	아	를		날	리	면			기
아	빠	아	를		날	리	면			기
쁘	고			통	쾌	한		마	음	은
쁘	고			통	쾌	한		마	음	은
커	지	고	,		화	나	고		속	상
커	지	고	,		화	나	고		속	상
한		마	음	은		산	산	조	각	
한		마	음	은		산	산	조	각	

원고지 쓰기를 생각하며 바르게 따라 써 보세요.

나		버	린	다	.		그	래	서
은	수	의			사	전	에	는		남
들	이			모	르	는			이	상	한
낱	말	이			많	이		들	어
있	다	.							

원고지 쓰기를 생각하며 바르게 따라 써 보세요.

	은	수	에	게	는		지	루	하
기	만		한		시	간	이		지
나	고		받	아	쓰	기		시	험
이		시	작	되	었	다	.		선	생
님	께	서		불	러		주	시	는

원고지 쓰기를 생각하며 바르게 따라 써 보세요.

말들이 삐틀삐틀 춤

을 추며 다가왔다.

은수 앞에 펼쳐진

하얀 종이에는 검은

43

원고지 쓰기를 생각하며 바르게 따라 써 보세요.

글	씨	가		삐	뚤	삐	뚤		질
서		없	이		내	려	앉	았	다
	"	다		됐	지	요	?		연
필		내	려	놓	고		짝	끼
리		바	꾸	세	요	.	"

원고지 쓰기를 생각하며 바르게 따라 써 보세요.

	1	번	부	터		1	0	번	까	지
	모	두		열		문	제	가		
끝	났	다	.	아	이	들	은		모	
두		빨	간		색	연	필	을		
꺼	내		들	었	다	.				

△형 글자를 바르게 따라 써 보세요.

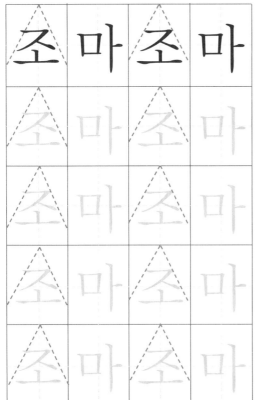

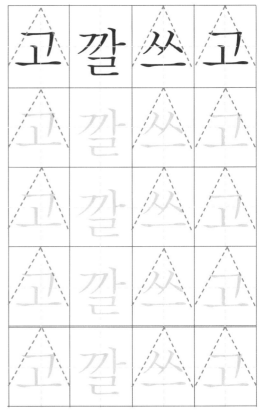

모	르	겠	다	나	도	모	두
모	르	겠	다	나	도	모	두
모	르	겠	다	나	도	모	두
모	르	겠	다	나	도	모	두
모	르	겠	다	나	도	모	두

글을 읽고 다음에 예쁘게 따라 써 보세요.

국어4 가-150쪽

내 동생은 못 말려

아침부터 온몸이 오슬오슬 떠리더니 이마에 열이 펄펄 끓는 거야. 콧물도 멈추지 않고, 점점 목구멍까지 아프기 시작했어. 거울에 비친 내 얼굴이 하얗게 질려 있었다니까. 얼마나 놀랐다고! 머리도 콕콕 쑤시고 팔다리에 기운이 하나도 없는 게, 너무너무 아프지 뭐야.

"영철아! 왜 그러니? 어디 아프니?"

엄마도 무척 놀랐나 봐, 엄마가 부랴부랴 날 데리고 병원에 갔어. 의사 선생님이 내가 독감이 걸렸다고 하는 거야. 간호사 누나가 엉덩이에 주사 한 대를 놓아 주잖아. 주사가 얼마나 아픈지 눈물이 찔끔 나왔어.

한숨 푹 자고 나면 나을 거라고 했는데, 지금도 온몸에세 열이 펄펄 끓기만 해. 콧물이 콧구멍을 들락거리는 바람에 숨도 내 마음대로 쉴 수가 없어. 침대에 누워 있는데도 머리가 핑그르르 도는 것 같고, 속이 자꾸만 울렁거렸어.

"오빠 죽는 거야?"

정말 한심해서 말도 하고 싶지 않아! 영희가 두 눈을 동그랗게 뜨고 나를 빤히 쳐다보는 거야.

"떽! 영희야, 그런말 하면 못써! 오빠는 감기에 걸린 거야."

주사 맞으니까 곧 나을 거야.

"그런데 왜 잠만 자?"

"잠을 푹 자야 금방 낫는 거예요."

영희는 내 걱정을 조금도 안 하는 것 같아. 엄마 꽁무니를 귀찮게 졸졸 따라다니면서 이것저것 말참견을 하고 있잖아.

이번에는 약국에서 지어 온 약봉지를 만지작거리더니 냄새를 킁킁 맡는 거야.

"이거 먹어도 돼?"

"안 돼요. 약은 아픈 사람만 먹는 거예요."

엄마가 약봉지를 빼앗으며 영희를 타이르시네. 영희는 아무래도 엄마 말을 믿지 않는 것 같아. 엄마가 내 방을 걸어 나가는데도 엄마 손에 들린 약봉지에 자꾸 눈독을 들이지 뭐야.

"영희도 이리 나오렴. 오빠는 한숨 푹 자야 돼."

엄마가 문 앞에서 부르는데 영희는 꼼짝도 안 하는 거야. 입술을 삐쭉 내밀고 나를 쳐다보잖아.

"숨박꼭질 안 해?"

내가 아픈 걸 빤히 보면서도 어떻게 그런 말이 나올까? 영희는 내가 아파 누워 있는 것도 무슨 놀이로 생각하는 모양이야.

"영희는 엄마랑 동화책 읽자. 응?"

엄마가 부탁하듯 말을 해도 영희는 나갈 생각이 없나봐. 결국 엄마가 손을 잡아끌고서야 영희가 내 방을 나갔다니까.

영희 때문에 더 아픈 것 같아. 이마의 열도 내리지 않고, 목구멍도 더 부어 버린 것 같아. 잠도 올 것 같지 않단 말이야.

잠을 자 보려고 눈을 감았는데 더 말짱해지네. 전기에 감전된 것처럼 찌릿하기도 하고, 어지럽기도 하고. 정말 잠을 자기는 다 틀

원고지 쓰기를 생각하며 바르게 따라 써 보세요.

내 동생은

못 말려

아침부터 온몸이

오슬오슬 떨리더니

이마에 열이 펄펄

어	디	에		열	이		났	대	
끓	는	거	야	.		콧	물	도	멈
추	지		않	고	,		점	점	목
구	멍	까	지		아	프	기		시
작	했	어	.		거	울	에		비	친

내		얼	굴	이		하	얗	게	
질	려		있	었	다	니	까	.	얼
마	나		놀	랐	다	고	!		머
니									
리	도		콕	콕		쑤	시	고	
팔	다	리	에		기	운	이		하

원고지 쓰기를 생각하며 바르게 따라 써 보세요.

나도　없는　게,　너무

너무　아프지　뭐야.

"영철아!　왜　그

러니?　어디　아프

니?"

원고지 쓰기를 생각하며 바르게 따라 써 보세요.

	엄	마	도		무	척		놀	랐
나		봐	.	엄	마	가		부	랴
부	랴		날		데	리	고		병
원	에		갔	어	.	의	사		선

원고지 쓰기를 생각하며 바르게 따라 써 보세요.

형님이　내가　독감에

걸렸다고　하는　거야.

간호사　누나가　엉덩

이에　주사　한　대를

놓아　주잖아. 주사가

원고지 쓰기를 생각하며 바르게 따라 써 보세요.

	얼	마	나		아	픈	지		눈	물
이		찔	끔		나	왔	어	.		
	한	숨		푹		자	고		나	
면		나	을		거	라	고		했	
는	데	,		지	금	도		온	몸	에

원고지 쓰기를 생각하며 바르게 따라 써 보세요.

는	데	.		지	금	도		온	몸	에
서		열	이		펄	펄		끓	기	
만		해	.		콧	물	이		콧	구
멍	을		들	락	거	리	는		바	
람	에		숨	도		내		마	음	

대	로		쉴		수	가		없	어
침	대	에		누	워		있	는	데
도		머	리	가		핑	그	르	르
도	는		것		같	고	.	속	이
자	꾸	만		울	렁	거	렸	어	.

"오빠 죽는 거야?"

정말 한심해서 말

도 하고 싶지 않아!

영희가 두 눈을 동

그랗게 뜨고 나를

원고지 쓰기를 생각하며 바르게 따라 써 보세요.

빤히 쳐다보는 거야.

"뗙! 영희야, 그

런 말 하면 못써!

오빠는 감기에 걸

린		거	야	.		주	사		맞
았	으	니	까			곧		나	을
거	야	.	"						
	"	그	런	데		왜		잠	만
자	?	"							

"잠을 푹 자야

금방 낫는 거예요."

영희는 내 걱정을

조금도 안 하는 것

같아. 엄마 꽁무니를

63

원고지 쓰기를 생각하며 바르게 따라 써 보세요.

같	이	.		없	다		꼼	무	니	를
귀	찮	게		졸	졸		따	라	다	
귀	찮	게		졸	졸		따	라	다	
니	면	서		이	것	저	것		말	
니	면	서		이	것	저	것		말	
참	견	을		하	고		있	잖	아	.
참	견	을		하	고		있	잖	아	.
	이	번	에	는		약	국	에	서	
	이	번	에	는		약	국	에	서	

원고지 쓰기를 생각하며 바르게 따라 써 보세요.

지어 온 약봉지를

만지작거리더니 냄새

를 쿵쿵 맡는 거야.

"이거 먹어도 돼?"

"안 돼요. 약은

65

원고지 쓰기를 생각하며 바르게 따라 써 보세요.

	아	픈		사	람	만		먹	는
	거	예	요	.	"				
	엄	마	가		약	봉	지	를	
	빼	앗	으	며		영	희	를	타
	이	르	시	네	.		영	희	는	아

원고지 쓰기를 생각하며 바르게 따라 써 보세요.

무 래 도   엄 마   말 을

믿 지   않 는   것   같 아 ,

엄 마 가   내   방 을   걸

어   나 가 는 데 도   엄 마

원고지 쓰기를 생각하며 바르게 따라 써 보세요.

손	에		들	린		약	봉	지	에
자	꾸		눈	독	을		들	이	지
뭐	야	.							
		"	영	희	도		이	리		나
오	렴	.		오	빠	는		한	숨

원고지 쓰기를 생각하며 바르게 따라 써 보세요.

	푹		자야		돼."				
	엄	마	가		문		앞	에	서
부	르	는	데		영	희	는		꼼
짝	도		안		하	는		거	야.
입	술	을		삐	쭉		내	밀	고

원고지 쓰기를 생각하며 바르게 따라 써 보세요.

나를　쳐다보잖아.

"숨바꼭질　안　해?"

내가　아픈　걸　빤

히　보면서도　어떻게

원고지 쓰기를 생각하며 바르게 따라 써 보세요.

	런		말	이		나	올	까	?
영	희	는		내	가		아	파	
누	워		있	는		것	도		무
슨		놀	이	로		생	각	하	는
모	양	이	야	.					

71

원고지 쓰기를 생각하며 바르게 따라 써 보세요.

"영희는 엄마랑

동화책 읽자. 응?"

엄마가 부탁하듯

말을 해도 영희는

나갈 생각이 없나

원고지 쓰기를 생각하며 바르게 따라 써 보세요.

봐	.		결	국		엄	마	가	손
을		잡	아	끌	고	서	야		영
희	가		내		방	을		나	갔
다	니	까	.						

원고지 쓰기를 생각하며 바르게 따라 써 보세요.

	영	희		때	문	에		더	
	영	희		때	문	에		더	
아	픈		것		같	아	.	이	마
아	픈		것		같	아	.	이	마
의		열	도		내	리	지		않
의		열	도		내	리	지		않
고		목	구	멍	도		더		부
고		목	구	멍	도		더		부
어		버	린		것		같	아	
어		버	린		것		같	아	

원고지 쓰기를 생각하며 바르게 따라 써 보세요.

잠도 올 것 같지

않단 말이야.

잠을 자 보려고

눈을 감았는데 더

말짱해지네. 전기에

원고지 쓰기를 생각하며 바르게 따라 써 보세요.

만	쩍	해	지	네	.		전	기	에
감	전	된		것	처	럼		찌	릿
하	기	도		하	고	,	어	지	럽
기	도		하	고	.	정	말		잠
을		자	기	는		다		틀	렸

◇형 글자를 바르게 따라 써 보세요.

수	수	께	끼	글	자	식	물
수	수	께	끼	글	자	식	물
수	수	께	끼	글	자	식	물
수	수	께	끼	글	자	식	물
수	수	께	끼	글	자	식	물

독수리

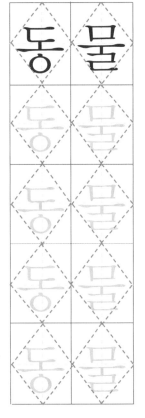

동물

단물을

놀이 모습 숙제 동생

글을 읽고 다음에 예쁘게 따라 써보세요.

국어4 나-234쪽

국화 전시회

엄마, 동생과 함께 식물원에서 열리는 국화 전시회에 갔다.

알록달록 핀 국화꽃 앞에서 기념사진을 찰칵 찍었다. 꽃 때문인지 벌들이 윙윙 날아다녔고 나를 쏠까봐 겁이 나기도 하였다.

사진을 찍고 난 뒤, 전시장에서 주는 따뜻한 국화차를 마셨다. 뜨거운 물에 뜬 국화들이 손바닥을 펴는 것처럼 좍 펴지는 것을 보니 신기하였다.

얼굴에 물감을 그려주는 전시장에 가서 동생과 나도 얼굴에 국화꽃을 그려 달라고 하였다. 붓이 닿을 때마다 간지러웠지만 재미있었다.

원고지 쓰기를 생각하며 바르게 따라 써 보세요.

	국	화		전	시	회		
	엄	마	,	동	생	과		함	께
식	물	원	에	서		열	리	는
국	화		전	시	회	에		갔	다	.
	알	록	달	록		핀		국	화

	알	록	날	록		핀		국	화
꽃		앞	에	서		기	념	사	진
을		찰	각		찍	었	다	.	꽃
때	문	인	지		벌	들	이		윙
윙		날	아	다	녔	고		나	를

쏠	까		봐		겁	이		나	기
도		하	였	다	.				
	사	진	을		찍	고		난	
뒤		전	시	장	에	서		주	는
따	뜻	한		국	화	차	를		마

원고지 쓰기를 생각하며 바르게 따라 써 보세요.

셨다 뜨거운 물에

뜬 국화꽃들이 손바

닥을 펴는 것처럼

쫙 퍼지는 것을 보

니 신기하였다.

얼굴에　물감으로

그림을　그려　주는

전시장에　가서　동생

과　나도　얼굴에　국

원고지 쓰기를 생각하며 바르게 따라 써 보세요.

화	꽃	을		그	려		달	라	고
하	였	다	.		붓	이		닿	을
때	마	다		간	지	러	웠	지	만
재	미	있	었	다	.				

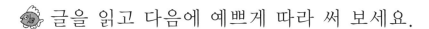 글을 읽고 다음에 예쁘게 따라 써 보세요.

국어4 나-261쪽

실내에서 뛰지 마요!

"실내에서 뛰지 마요!"

요즈음 선생님이 우리에게 자주 하시는 말씀입니다. 학기초에 선생님과 우리반 친구들은 '실내에서 뛰지 않기"라는 약속을 정하였습니다. 하지만, 우리 반 친구들은 이러한 다짐을 잘 지키지 않았습니다.

여전히 교실이나 복도에서 뛰어다니는 친구가 많았습니다.

저도 최근에 수업을 마치고 집에 갈 때 복도에서 달려오는 친구와 부딪칠 뻔한 적이 있습니다. 다행이 피하였기 때문에 괜찮았지만 크게 다칠 뻔하였습니다.

이것 말고도 복도에서 뛰지 말아야 하는 까닭은 여러 가지가 있습니다. 복도에서 뛰게 되면 다른 반 교실에 피해를 주게 됩니다. 복도에서의 쿵쾅거리는 소리는 공부에 큰 방해가 됩니다.

그리고 복도에서 뛰는 습관을 고치지 못하면 계단에서도 뛰어다니게 됩니다. 이때 뛰어다니다가 잘못하여 미끄러지게 되면 크게 다칠 수 있습니다.

마지막으로, 복도에서 뛰는 행동은 다른 친구들이나 동생들에게 그릇된 습관을 가지게 할 수도 있습니다. 예를 들어, 우리가 복도에서 뛰어다니면 1학년 동생들이 잘못된 행동을 따라 할 수 있습니다.

그러므로 복도에서는 뛰지 말고 천천히 걸어 다니면 좋겠습니다. 이제부터 자신과 다른 친구들을 위하여 '실내에서 뛰지 않기'를 꼭 실천합시다.

원고지 쓰기를 생각하며 바르게 따라 써 보세요.

	실	내	에	서		뛰	지		
					마	요	!		
	"	실	내	에	서		뛰	지	
마	요	!	"						
요	즈	음		선	생	님	이		

원고지 쓰기를 생각하며 바르게 따라 써 보세요.

요즈음 선생님이

우리에게 자주 하시

는 말씀입니다. 학기

초에 선생님과 우리

반 친구들은 '실내

원고지 쓰기를 생각하며 바르게 따라 써 보세요.

에	서		뛰	지		않	기	로
는		약	속	을		정	하	였	습
니	다	.	하	지	만	,	우	리
반		친	구		대	부	분	은
이	러	한		다	짐	을		잘

91

원고지 쓰기를 생각하며 바르게 따라 써 보세요.

지키지　않았습니다.

여전히　교실이나

복도에서　뛰어다니는

친구가　많습니다.

저도　최근에　수업

원고지 쓰기를 생각하며 바르게 따라 써 보세요.

을		마	치	고		집	에		갈
때		복	도	에	서		달	려	
오	는		친	구	와		부	딪	칠
뻔	한		적	이		있	습	니	다 .

원고지 쓰기를 생각하며 바르게 따라 써 보세요.

다	행	히		피	하	였	기		때
문	에		괜	찮	았	지	만		크
게		다	칠		뻔	하	였	습	니
다	.								
	이	것		말	고	도		복	도

94

원고지 쓰기를 생각하며 바르게 따라 써 보세요.

에서　뛰지　말아야

하는　까닭은　여러

가지가　있습니다.　복

도에서　뛰게　되면

다른　반　교실에　피

다	른		반		교	실	에		피
해	를		주	게		됩	니	다	.
해	를		주	게		됩	니	다	.
복	도	에	서	의		쿵	쾅	거	리
복	도	에	서	의		쿵	쾅	거	리
는		소	리	는		공	부	에	
는		소	리	는		공	부	에	
큰		방	해	가		됩	니	다	.
큰		방	해	가		됩	니	다	.

원고지 쓰기를 생각하며 바르게 따라 써 보세요.

	그	리	고		복	도	에	서	
뛰	는		습	관	을		고	치	지
못	하	면		계	단	에	서	도	
뛰	어	다	니	게		됩	니	다	.
이	때		뛰	어	다	니	다	가	

잘못하여　미끄러지게

되면　크게　다칠　수

있습니다.

마지막으로,　복도에

서　뛰는　행동은　다

원고지 쓰기를 생각하며 바르게 따라 써 보세요.

른		친	구	들	이	나		동	생
들	에	게		그	룻	된		습	관
을		가	지	게		할		수	도
있	습	니	다	.	예	를		들	어

원고지 쓰기를 생각하며 바르게 따라 써 보세요.

우	리	가		복	도	에	서		뛰

어	다	니	면		1	학	년		동

생	들	이		잘	못	된		행	동

을		따	라		할		수		있

습	니	다	.						

원고지 쓰기를 생각하며 바르게 따라 써 보세요.

	그	림	도	로		복	도	에	서
는		뛰	지		말	고		천	천
히		걸	어		다	니	면		좋
겠	습	니	다	.		이	제	부	터
자	신	과		다	른		친	구	들

원고지 쓰기를 생각하며 바르게 따라 써 보세요.

자	신	과		다	른		친	구	들
을		위	하	여		'	실	내	에
서		뛰	지		않	기	'		를
꼭		실	천	합	시	다	.		

□형 글자를 바르게 따라 써 보세요.

진	달	래	야
진	달	래	야
진	달	래	야
진	달	래	야
진	달	래	야

놓	임	말	을
놓	임	말	을
놓	임	말	을
놓	임	말	을
놓	임	말	을

선	생	님	께
선	생	님	께
선	생	님	께
선	생	님	께
선	생	님	께

착	한	일	을
착	한	일	을
착	한	일	을
착	한	일	을
착	한	일	을

또 산 이 있네!

학	교	친	구	집	안	얼	른
학	교	친	구	집	안	얼	른
학	교	친	구	집	안	얼	른
학	교	친	구	집	안	얼	른
학	교	친	구	집	안	얼	른

🐟 글을 읽고 다음에 예쁘게 따라 써 보세요.

국어4 나-284쪽

작은 암탉

.곳: 뒤뜰

.나오는 인물: 작은 암탉, 소, 돼지, 강아지, 병아리들

제1막

해설자: 작은 암탉이 병아리들과 뒤뜰로 산책을 나갔다가 밀 낟알들을 발견하였습니다. 작은 암탉은 기뻐하며 친구들에 뛰어가 함께 낟알을 심자고 합니다.

작은 암탉: (밝은 목소리로) 소야, 나와 함께 낟알을 심을래?

소: 어, 나는 곤란한걸. 이렇게 피곤한 날은 일할 수 없어. (드러눕는다.)

합창: 게으름뱅이 소! 그래그래, 낮잠이나 자.

작은 암탉: (돼지 옆으로 다가가며) 돼지야, 나와 함께 낟알을
심을래?

돼지: 어, 나는 곤란한걸. 난 지금 배고파서 안 돼.(밥을 먹
는다.

합창: 욕심꾸러기 돼지! 그래그래, 실컷 먹기나 해.

작은 암탉: (강아지를 바라보며) 강아지야, 나와 함께 낟알을
심을래?

강아지: 어, 나는 곤란한걸. 난 지금 놀아야 해.(밖으로 뛰
어 나간다.)

합창: 장난꾸러기 강아지! 그래그래, 실컷 놀아라.

병아리들: 엄마, 우리가 도울게요. 삐약삐약! (작은 암탉에게

　　　　다가간다.)

해설자: 그래서 작은 암탉은 병아리들과 낟알을 심었습니다.

제2막

해설자: 몇 주가 지나자 낟알들은 무럭무럭 자라기 시작하였습니다. 작은 암탉은 친구들과 밀밭에 함께 물을 주자고 합
니다.

작은 암탉: (밝은 목소리로) 소야, 나와 함께 밀밭에 물을 줄래?

소: 어, 나는 곤란한걸. 외양간 밖이 너무 추워서 나갈 수 없어.(몸을 덜덜덜 떤다.)

합창: 게으름뱅이 소! 언젠가 후회할 날이 올 텐데.

작은 암탉: (돼지 옆으로 다가가며) 돼지야, 나와 함께 밀밭에
물을 줄래?

돼지: 어, 나는 곤란한걸. 우리 밖이 너무 추워서 나갈 수 없어,(몸을 덜덜덜 떤다.)

합창: 게으름뱅이 돼지! 언젠가 후회할 날이 올 텐데.

작은 암탉: (강아지를 바라보며) 강아지야, 나와 함께 밀밭에
물을 줄래?

강아지: 어, 나는 곤란한걸. 집 밖이 너무 추워서 나갈 수 없어.

원고지 쓰기를 생각하며 바르게 따라 써 보세요.

		작	은		암	닭			
			제	1	막				
해	설	자	:	작	은		암	닭	이
	병	아	리	들	과		뒤	뜰	로
	산	책	을		나	갔	다	가	

원고지 쓰기를 생각하며 바르게 따라 써 보세요.

	밀		난	알	들	을		발	견
	하	였	습	니	다	.		작	은
	암	탉	은		기	뻐	하	며	
	친	구	들	에	게		뛰	어	가

원고지 쓰기를 생각하며 바르게 따라 써 보세요.

	함	께		난	알	을		심	자
	함	께		난	알	을		심	자
	고		하	였	습	니	다	.	
	고		하	였	습	니	다	.	
작	은		암	탉	:		(	밝	은
작	은		암	탉	:		(	밝	은
	목	소	리	로	)			소	야	,
	목	소	리	로	)			소	야	,
	나	와		함	께			난	알	을
	나	와		함	께			난	알	을

원고지 쓰기를 생각하며 바르게 따라 써 보세요.

심을래?

소 : 어, 나는 곤란한

걸. 이렇게 피곤한

날은 일할 수 없

어. (드러눕는다.)

	어	.		(	뜨	러	눕	는	다	.)
합	창	:	게	으	름	뱅	이		소	!
합	창	:	게	으	름	뱅	이		소	!
	그	래	그	래	,		낮	잠	이	나
	그	래	그	래	,		낮	잠	이	나
	자	.								
	자	.								
작	은		암	탉	:		(	돼	지	
작	은		암	탉	:		(	돼	지	

원고지 쓰기를 생각하며 바르게 따라 써 보세요.

옆으로　다가가며)

돼지야,　나와　함께

난알을　심을래?

돼지：어,　나는　곤란

한걸.　난　지금　배

원고지 쓰기를 생각하며 바르게 따라 써 보세요.

	고	파	서		안		돼	.	(	밥
	고	파	서		안		돼	.	(	밥
	을		먹	는	다	.	)			
	을		먹	는	다	.	)			
	합	창	:	욕	심	꾸	러	기		돼
	합	창	:	욕	심	꾸	러	기		돼
	지	!		그	래	그	래	,		실
	지	!		그	래	그	래	,		실
	컷		먹	기	나		해	.		

원고지 쓰기를 생각하며 바르게 따라 써 보세요.

작은 암탉 : (강아지

물 바라보며) 강

아지야 나와 함께

낟알을 심을래?

원고지 쓰기를 생각하며 바르게 따라 써 보세요.

강아지 : 어, 나는 곤
란한걸. 난 지금
놀아야 해. (밖으
로 뛰어나간다.)
합창 : 장난꾸러기 강

	아	지	!		그	래	그	래	,
	실	컷		놀	아	라	.		
병	아	리	들	:	엄	마	,	우	리
	가		도	울	게	요	.		삐약
	삐	약	!			(	작	은	암

원고지 쓰기를 생각하며 바르게 따라 써 보세요.

삐악! 작은 암

탉에게 다가간다.)

해설자: 그래서 작은

암탉은 병아리들과

난알을 심었습니다.

120

			제	2	막				
해	설	자	:	몇		주	가		지
	나	자		난	알	들	은		무
	럭	무	럭		자	라	기		시
	작	하	였	습	니	다	.		작	은

원고지 쓰기를 생각하며 바르게 따라 써 보세요.

암탉은　친구들에게

밀밭에　함께　물을

주자고　합니다.

작은　암탉 :　(밝은

목소리로)　소야,

	나와		함께		밀밭에	
	물을		줄래?			
	소 : 어,		나는		곤란한	
	걸.	외양간		밖이		

원고지 쓰기를 생각하며 바르게 따라 써 보세요.

	너	무		추	워	서		나	갈
	수		없	어	.		(	몸	을
	덜	덜	덜		떤	다	.	)	
합	창	:		게	으	름	뱅	이		소 !
	언	젠	가		후	회	할		날

원고지 쓰기를 생각하며 바르게 따라 써 보세요.

	이		올		텐	데	.		
작	은		암	닭	:		(	돼	지
	옆	으	로		다	가	가	며	)
	돼	지	야	,		나	와		함	께
	밀	밭	에		물	을		줄	래	?

원고지 쓰기를 생각하며 바르게 따라 써 보세요.

밀밭에　물을　줄래?

돼지：어,　나는　곤란

한걸.　우리　밖이

너무　추워서　나갈

수　없어.　(몸을

덜덜덜 떤다.)

합창 : 게으름뱅이 돼

지! 언젠가 후회

할 날이 올 텐데.

작은 암탉 : (강아지

2013개편 국어 교과서

개정된 국어교과서에 따른
글씨체 따라쓰기 2-2

초판 발행 2015년 7월 31일

글 편집부

펴낸이 서영희 | **펴낸곳** 와이 앤 엠

편집 임명아

본문 인쇄 신화 인쇄 | **제책** 정화 제책

제작 이윤식 | **마케팅** 강성태

주소 120-100 서울시 서대문구 홍은동 376-28

전화 (02)308-3891 | Fax (02)308-3892

E-mail yam3891@naver.com

등록 2007년 8월 29일 제312-2007-000040호

ISBN 978-89-93557-61-9 63710

본사는 출판물 윤리강령을 준수합니다.